芥子園畫譜精品集

〔清〕王概 等繪

崇賢書院 編譯

北京聯合出版公司

第二册

苑藝堂

榮寶齋畫譜彙輯

〔清〕王概 等繪

芥子園畫譜畫品集

北京聯合出版公司

第二冊

五筆破分字

聳分字

芥子園畫譜精品集

第二冊 六十六

書兵傳家

芥子園畫譜珠品集

畫竹

五種疊爲介字

卷二四　六十六

雪竹報春

横梢式

新篁斜墜嫩枝

芥子園畫譜精品集

第二冊　六十七　書系傳家

芥子園畫譜品彙

第二集

六十七

垂葉畫譜四種對

戴林左

芥子園畫譜精品集

第二冊 六十八 書天傳家

下截見根

安根式

根下苔草泉石

下葉白鳥跡

宿賢友

林下智草榮地

第二圖　六十八

芥子園畫譜精品集

第二冊 六十九 書元傳家

虚心友石

第二冊　七十

書英傳家

瀟灑臨風

芥子園畫譜精品集

第二冊　七十一

渡竽以玉

書云傳家

濃葉盫煙

芥子園畫譜精品集

第二冊　七十二

書兵傳家

芥子園畫譜精品集

第二冊　七十三

書畫傳家

雪根玉立

芥子園畫譜精品集

第二冊　七十四　書香傳家

輕篠瀟露

芥子園畫譜精品集

第二冊　七十五

書禾傳家

清節凌秋

芥子園畫譜精品集

第二冊　七十六　書禾傳家

直節干霄

芥子園畫譜精品集

第二冊　七十七　畫竹傳家

飛白傳神

木千圖畫譜詩品集

芥子園畫譜精品集

第二冊　七十八

雪壓銀梢

書天傳家

芥子園畫譜精品集

第二冊　七十九

書兵傳家

修篔揭節

芥子園畫譜精品集

第二冊　八十

湘江遺怨

書奉傳家

卷二画 八十

第二冊　八十一

鳳枝吟月

書英傳家

芥子園畫譜精品集

第二冊　八十二

天矯趨雲

書英傳家

高竿垂綠

青在堂畫菊淺說

畫法源流

菊之設色多端賦形不一非鉤勒渲染交善不能寫肖也考宣和畫譜宋之黃筌趙昌徐熙滕昌祐丘慶餘黃居寶諸名手皆有寒菊圖迄南宋元明始有文人逸士慕其幽芳寄興筆墨不因脂粉愈見清高故趙彝齋李昭柯丹丘王若木盛雪蓬朱樗仙俱善寫墨菊更覺傲霜凌秋之氣含之胸中出之腕下不在色相求之矣予寫芥子園所編定四譜湘畹幽芳繼以淇園清節則楚騷衛風並稱君子南枝寒蕊伴以東籬晚香則孤山栗里同愛高人真花木中之趯羣絕俗者爲類已備四時之氣作譜當凌衆卉之先不亦宜乎

畫菊全法

菊之爲花也其性傲其色佳其香晚畫之者當胸具全體方能寫其幽致全體之致花須低昂而不繁葉須掩映而不亂枝須穿插而不雜根須交加而不比此其大略也若進而求之卽一枝一葉一花一蕊亦

須各得其致菊雖草本有傲霜之姿而與松並稱則
枝宜孤勁異於春花之柔枝葉宜肥潤異于殘卉之
枯槁花與蕊宜含放相兼枝頭得偃仰之理以全放
枝重宜偃花蕊枝輕宜仰仰者不可過直偃者不可
過垂此言全體之法至其花蔕枝葉根株另具畫法
于後

畫花法

花頭不同以瓣有尖團長短稀密濶窄巨細之異更
有兩义三岐鉅齒缺瓣刺瓣捲瓣折瓣變幻不一大

凡長瓣稀瓣花平如鏡者則有心其心或堆金粟或
簇蜂窠若細瓣短瓣四面高圓攢起如球者則無心
雖花瓣各殊衆瓣皆由蔕出稀者須排列根下與蔕
相連多者須瓣根皆由蔕發其形自圓整可觀也其
色不過黃紫紅白淡綠諸種中濃外淡加以深淺間
雜則設色無窮若用粉染瓣筋仍宜粉鈎在學者自
能意會得之矣

畫蕾蔕法

畫花頭如畫蕾花蕾或半放初放將未放放各不

同半放側形見蒂嫩蕊攢心須具全花未舒之勢初
放則翠苞始破小瓣乍舒如雀舌吐香握拳伸指將
放則蕚尚含香瓣先露色未放則蕊珠團碧蕋星綴
枝當各得其致爲鈔畫蕾須知生蒂花頭雖別其蒂
皆同得疊翠多層與衆卉異渾圓未放雖係各色之
花宜苞蕾盡綠若將放方可少露本色也夫菊之逞
姿發艷在于花而花之蕾氣含香又在乎蕾蕾之生
枝吐瓣更在乎蒂此理不可不知故畫花法更加以
蕾蒂也。

畫葉法

菊葉亦有尖圓長短濶窄肥瘦之不同然五岐而四
鈌最難描寫恐葉葉相同似乎印板須用反正捲折
法葉面爲正背爲反正面之下見反葉爲折反面之
上露正葉爲捲畫葉得此四法加以掩映鈎筋自不

雷同、而、多、致更須知花頭下所襯之葉宜肥大而色深潤以力盡具于此枝上新葉宜柔嫩帶輕清之色根下墜葉宜蒼老帶枯焦之色正葉色宜深反葉色宜淡則菊葉之全法具矣

畫根枝法

花須掩葉葉宜掩枝菊之根枝先于未畫花葉時朽定俟花葉完後始為畫出根枝已具再添花葉方是花葉四面根枝中藏也若不先為朽定則生葉生枝全無定向若不畫成添補則偏花偏葉俱在前邊本。

全無家向背下畫叢蕙順畫蕙論葉貴在面數本
蕙葉四面取勢中藏山蕙下不必寫亦守順生葉半株
家貴蕙宗欲畫出株故口具再看蕙葉亦
蕙貴看蕙葉宜看株故亦未畫亦蕙葉株
畫株故亦

宜然但蕙葉方全出具尖
其下細蕙宜帶花苦苦勢
采群之七處其午止款土棲蕙宜宗撒帶草蕋方勾
雷同向後廷更聚取前不恐臟方蕙宜取大高勾

枝宜勁傍枝宜嫩根下宜老更要柔不似藤勁不類
刺偃而不垂有迎風向日之姿仰而不直有帶露避
霜之勢花蕾枝葉根株交善則得全菊之致矣縱茲
小技豈易言哉

畫菊訣

時在深秋菊稱傲霜欲寫其致筆勢昂藏中央正色
所貴者黃春花柔艷何敢比方圖成紙上如對晚香

畫花訣

畫菊之法瓣有尖團花分正側位具後先側者半體
正則形圓將開吐蕊未放星攢加以蒂蕚乃生枝焉

畫枝訣

既畫花朵下必添枝枝須斷缺補葉方宜或偃或直
或高或低直勿過仰偃勿太垂偃仰得勢花葉生姿

花瓣攢頂高

全放正面

初放反側

初放正面

含蕊

將放

全放側面

芥子園畫譜精品集　第二冊　八十九　書帶傳家

書葉訣

畫葉之法必由花生五岐四缺反正分明葉承花下

花乃有情稀處補枝密處綴英花葉交善方合乎根

畫根訣

畫根之法上應枝梢勢須蒼老意在孤高直不似艾

亂不似蒿根下添草掩映清標再加泉石取致更饒

畫菊諸忌訣

筆宜清高最怕粗惡葉少花多枝強幹弱花不應枝

瓣不由蒂筆笨色枯渾無生趣知斯數者尤所深忌

金絲菊

剪絨菊

密瓣菊

菊不由蕊畫葉包蕊由葉映蕊最為緊要

畫宜蕊萼居其中惡葉少掩少掩蔽莖蔕不顯蕊

畫蕊蔕宜蒼

凡花畫不已攢蒂新草新枝生泉西砚建瓦類

畫葉六出尖枝能攀朵宴茶高直不見葉

畫葉尖

花已在枝新枝密蔽其葉茶交葉長之合中東

畫葉方茂由枝生出枝四葉交正色惡葉本

畫葉尖

抱心尖瓣花

攢頂尖瓣花

含蕊

全放正面

初放正面

初放側面

全放側面

將放

全放正視

全放側面

初放

全放上仰

將放

花瓣細心攢　　　　　　花瓣亞頂層

全放正面　　　　　　　全放正面

初放側面　　　　　　　初放側面

平頂正側

平頂正面　　　　　　　全放側面

細蕊　　　　　　　　　初放正面

鈎勒葉式

背面側葉

上仰正葉

背面捲葉

正葉平掩

上仰折葉

下垂正葉

下垂折葉

正面捲葉

二葉分向

頂上生蕊嫩葉

正面側葉

背面嫩葉

四葉掩映

三葉交互

芥子園畫譜精品集　第二冊　九十二　書衣傳家

花頭生枝點葉鈎筋式

二枝全放

芥子園畫譜精品集

第二冊　九十三　書系傳家

三枝花蕊友正

大千園畫譜品集

二味金毬

巻二圖　五十三

芥子園畫譜精品集

第二冊 九十四

書菀傳家

单花折枝

雙頭折枝

芥子園畫譜品彙

卷二十四 六十四

不容丹桂杯前
革只許寒梅步
後萵

香飄風分
物影到月
中縋

第二冊　九十六

書英傳家

第二圖　六十六

種耀金蕤

竹葉伴寒翠
霜花洽素心

書英傳家

大千圖畫菁華品集

第二輯　七十九　古松金萱

書英傳家

蜂欲採香談
呈蠅莖難承
露媿為盤盂
心攅出金千
孔眾辦排成
玉一團

卷二三　六十八

仙人披鶴氅素女
不紅粧

芥子園畫譜華品集

第三圖 一〇〇

秋菊有佳色

書英傳家

芥子園畫譜精品集

第二冊　一〇二

書英傳家

黄白花繁紫
艷稠三英同
擷泛銀甌

沉醉倚西風

芥子園畫譜精品集

第二冊 一〇三

書系傳家

書英傳家

雪裁纖藥蜜金
折小苞香手戴白
衣酒一生青女霜

託根倚懸崖垂

影映潭水

書兵傳家

黄花復集
實脈宗
壽高
長

惟悴東籬
吟珊辣雨
書英傳家

第二冊　一〇八

書衣傳家

不羞老圃
秋容淡
正寒花晚
節香
芥子園畫譜精品集
第二冊 一〇九
書禾傳家

似蓮名菊与花同
非粉飛朱別樣紅

黃花候新節
遠自夏小正坤
崇有正色翰
承本令名

芥子園畫譜精品集

第二冊　一二一

書英傳家

茶花圖書精品集

藏二四

二二

青木金花

翠葉雲布
黃蕊星羅

芥子園畫譜精品集

第二冊　一一二

書英傳家

芥子園畫譜精品集

第二冊　一一三

儀鳳舞
鸞飛英
散葉

書英傳家

花卉圖畫譜品集

第二輯

一一三

丹水金路

雜葉
襲珠英
翰愿筆

芥子園畫譜精品集

第二冊　一一四

書系傳家

木十園畫譜花卉集　　卷二三　一二四　春水畫畫

經

《詩經》

"關關雎鳩，在河之洲，窈窕淑女，君子好逑"描繪了人世間最真摯的愛情；"碩鼠碩鼠，無食我黍"表達了對不勞而獲的剝削者最深刻的厭惡；"知我者謂我心憂，不知我者謂我何求"抒發了對國家興亡最深切的憂慮。這些我們耳熟能詳的詩句，都出自《詩經》。《詩經》位居儒家"五經"之列，其文學價值是無需多言的。作為中國史上第一部詩歌總集，它的內容極為宏大豐富，刻畫了淳樸的風俗，讚揚了英勇的戰士，歌頌了神聖的祖先，記述了真實的歷史。這裏有懇切的批評，又有委婉

叢書簡介

一

的諷喻；有樸實的話語，又有華美的辭章；有直率的表達，又有微妙的思緒。孔子說："不學《詩》，無以言"，這些璀璨的詩句依然是中國人今天抒發情感時無法超越的形式，它們朗朗上口、雋永豐沛。在幾千年後的今天，讓我們依舊能與華夏先民呼吸相聞，感受一種跨越千年的浪漫。"腹有《詩》《書》氣自華"，祇有讀了《詩經》，才知道什麼是文明而化。

《周易》

《周易》可以說是中國古老經典中的經典，它的作者據說是周文王姬昌，其在伏羲八卦基礎上推演而成，後來又經過孔子的修訂，直到現在，已有三千多年的歷史。很多人都認為《周易》是一部用來占卜算命的

書，這確實僅是它的功能之一，在生產力落後的前科學時代，它相當於一個簡單的搜索引擎，凡有疑難之事，都可以通過《周易》的指引，找到解決的辦法。但是，到了科學昌明的今天，《周易》的義理依然不朽，祇是其占卜算命功能已經大大地被弱化。它具正吸引人們的是它對歷史、民俗、文學、哲學、政治、中醫藥學等各個領域的兼容與覆蓋，可以說，《周易》通過陰陽、性象的變化來闡述生命的學問、宇宙的具理、智慧的源泉、社會的規律，用卦爻符號和爻辭，構成了一個神秘的文化殿堂，描述了中華古人對於宇宙奧秘和生命密碼的獨特認識，這也是我們今天讀《周易》的意義所在，它能夠讓我們透過紛繁複雜的表面，直接看透背後的本質。

《論語》

假設孔子讓班長子路建立一個班級群，把曾子、顏淵、子夏、子貢等人都拉進去，大家不但可以在群裏直接討論問題，還可以在彼此的朋友圈互相評論。於是有人選取了聽課中最有用、有趣、有意義的內容，整理成一本書，就叫《論語》。孔子感嘆「沒人瞭解我」，卻告訴學生「別怕沒人瞭解你，只怕自己沒本事」。他的一生是充滿失意和詩意的，他的思想主張不被當世為政者所接受，但他「一以貫之」「不怨天，不尤人」「下學而上達」，以文化傳承為使命，開私學之先河，創立了儒家學派。孔子自稱「述而不作」，只講課不創作，他編的六種教科書，主要材料也來自古代文獻，被稱為「六經」。所以，記錄孔子言行的《論語》，

《論語》

《圖影》

反倒保存了原汁原味的孔子學說。《論語》中的孔子，不祇是莊嚴的至聖先師，更是一個有喜怒哀樂情感的教書先生。他會誇勤奮、聰明的學生，會罵懶惰、頑固的弟子，高興了會唱歌，傷心了會哭泣。閱讀《論語》，可以從中獲得思想的啟迪、人格的提升、情感的激勵，以及文學的享受，它是每一位中國人的必讀之書。

《孟子》

說起儒家思想，必定繞不開「孔孟之道」。這裏的「孟」，就是被尊爲「亞聖」的孟子。與一般「溫良恭儉讓」的儒生形象不同，孟子留給人們的印象更多是剛毅、自信和執著，這些特質在他和弟子所著的《孟子》中都得到了展現。《孟子》在南宋後被作爲「四書」之一。讀起來很好玩，因爲里面大部分都是小故事、小對話，而書中孟子的形象也非常鮮明、立體，就像是生活在我們身邊的一位倔強、驕傲而善辯的小老頭。很多時候，他會玩兒一些「套路」，讓談話對象掉入自己事先挖好的「坑」裏，最後逼得對方祇能「顧左右而言他」，他還會通過裝病來表達自己的不滿，就像個跟人賭氣的孩子一樣。當然，我們讀《孟子》的意義絕對不止於此，它之所以過了兩千多年仍被奉爲經典，是因爲孟子對「修身、齊家、治國、平天下」進行了透徹的闡述，讓我們在讀過之後能夠擁有強大的內心，能夠有所爲有所不爲，能夠有所捨有所得，這不僅對每個人的生活和工作有著重要的指導意義，對於我們弘揚優秀傳統文化、實現國家的文化自信也大有裨益。

《山海經》

有一種草可以治療抑鬱，有一種魚喫了就不再畏懼打雷，有一種樹見到就不會迷路，有一種獸甚至可以喫掉龍，它們都是什麼呢？這是一部記載了「五方之山」「八方之海」「珍寶奇物」的古代實用地理書。該書刻畫了「鯀禹治水」「女媧造人」「夸父逐日」的神話故事，也有對於顓頊和黃帝的很多記述，被稱為「古之語怪之祖」。在魯迅筆下，這是阿長心心念念送他的禮物，其中包含上古時期的地理、歷史、神話、天文、動物、植物、醫學、宗教以及人類學、民族學、海洋學和科技史等知識。在紀曉嵐編纂的《四庫全書總目提要》中，它是地理書的首要，還被稱之為最古的小說。它甚至是一些誌怪和盜墓小說中怪事、怪物的總來源、總發端，「紅毛犼」「錦鱗蚺」甚至「痋術」等，已經是年輕人熟悉的神獸。這就是《山海經》，一部誕生於遠古時期、極富想象力的驚世駭俗之作。它的奇詭玄妙，使今天的年輕人腦洞大開，啟發人們體悟天、地、人、神、獸、怪的無窮奧秘。讀《山海經》，去探尋遠古時期影響思想觀念的洪荒之力，去求索華夏五千年文明的初心與神秘。

《史記精華》

《留侯世家》記載，破落貴族張良偶遇圯橋老人，得到《太公兵法》，學成後輔佐劉邦，「爲王者師」。他與眾將談論《太公兵法》，沒人聽得懂；劉邦聽了，卻能善用其策。張良說：「大概沛公是上天授命之人

叢書簡介　四　書香傳家

啊！《史記》既是史書，又是一部政論集。政論家寫文章大多引經據典，司馬遷著《史記》是用更完備的史料論證自己的觀點。所以說司馬遷的偉大，不祇是記載了黃帝至漢初的歷史，而是在於他「究天人之際，通古今之變，成一家之言」。這「一家之言」，說的就是他的人生觀、歷史觀、宇宙觀。他信命而不認命，自強不息，具有悲天憫人的情懷。所以他借「圯橋進履」的傳說，證明劉邦是真命天子，卻又敢於對劉邦等得天命者犯下的錯誤提出批評，對懷才不遇、蒙受冤屈的人則報以同情。《史記》全書一百三十篇，五十二萬餘字，《史記精華》從中擷萃名篇，既不辜負太史公的良苦用心，又能讓今人感受輕鬆愉悅的閱讀體驗，從歷史的興亡中體悟天道與人事，品味「無韻之離騷」。

書兵傳家

《資治通鑑精華》

孟子說：「孔子成《春秋》而亂臣賊子懼。」《春秋》大義，被歷代史家奉為法則。唐末五代，藩鎮割據，天下大亂，人心不安。在那個兵強馬壯者就能當皇帝的時代，誰會在乎倫理與秩序？整個社會都迷失了方向。北宋建立後，結束了國家分裂的局面，人心思定，所以史家想要借《春秋》大義重建社會價值體系。先有歐陽修的《新五代史》，後有司馬光的《資治通鑑》。一部《資治通鑑》，二百九十四卷，三百多萬字，以編年體的形式展現了戰國至五代時期一千三百餘年的歷史。若你無暇通讀全書，又想有所涉獵，卻無從下手，《資治通鑑精華》就是為你指點迷津、得以一窺這部史學巨著之端倪的捷徑。因為本書所

丛书简介

《资治通鉴纲目》

《春秋》

選篇目緊扣原典的主旨，以治亂興衰為借鑒，以大義名分為原則，涵蓋了歷代的主要大事件。在這個日新月異、信息爆炸的變革時代，你有沒有迷失方向？不妨嘗試從歷史中探尋安身立命之道。閱讀本書，上可以參悟人生、明白得失，中可以洞悉人心、增長閱歷，下可以充實學識、增加談資。

子

《六韜·三略》

很多人一提起「兵法」，首先想到的往往是《孫子兵法》《三十六計》，卻不知道《六韜·三略》絲毫不遜於前兩者。嚴格說來，《六韜》《三略》是兩本書。《六韜》作者是被譽為「兵家之祖」的呂尚，也就

書兵傳家

是大名鼎鼎的姜子牙。《三略》的作者則是「張良拾履」故事裏的那位神秘老人黃石公。自古以來，《六韜·三略》就被譽為「兵家權謀之祖」，姜子牙靠它輔佐武王興周滅紂，張良靠它幫助劉邦定咸陽、滅項羽，建立西漢王朝。有人說《六韜·三略》這樣的兵法只適合在古代使用，這是大錯特錯的。因為即使到了今天，它仍然有很多企業管理者把《六韜·三略》奉為經典，並將它用於商業競爭、企業管理。

雖然這是一本兵書，但它卻可以讓人擁有細緻的邏輯思維能力，學會如何從全局進行運籌和謀劃，學會如何鑒別和使用人才。就算是普通人，也可以在讀通《六韜·三略》之後，在自己的生活和工作中找準方向，實現最大的價值。

《孫子兵法》

在中外歷史上，有多少戰績輝煌的名將，隨著時間的推移，全都逐漸被遺忘了，但被稱為「東方兵學鼻祖」的孫子以及他的《孫子兵法》，不僅沒有被忘卻，反而越發引起了人們的重視和崇敬。

《孫子兵法》自誕生至今已有兩千多年，在古代，它被廣泛地應用於戰爭，包括戰略戰術的製定、情報的搜集、戰區的選擇、攻防的轉換、作戰時機的選擇等；到了以「和平」為主旋律的今天，全世界範圍內，《孫子兵法》都產生了極為重要和廣泛的影響力。除了繼續在軍事、政治、外交等方面發揮重要作用和影響之外，《孫子兵法》還廣泛應用於經濟、教育、商業、體育等各個領域，哈佛大學商學院甚至要求學

生記誦《孫子兵法》的某些章節，以備日後經商之用。對我們普通人而言，通過《孫子兵法》來瞭解孫子的軍事思想，然後將其靈活轉化、應用，也足以給我們的學習、工作、生活帶來巨大的幫助。

《道德經》

春秋末年，天下戰爭頻仍，周朝守藏室之史老子棄官歸隱，騎青牛來到函谷關。官令尹喜求其寫下五千言，隨後西行，不知所蹤。《道德經》含有深刻的東方哲學思想，至今仍是人們認知宇宙與人生的經典，也被稱為「玄而又玄」的學問。 老子並非首倡尋找萬物總規律的人，從伏羲氏就認為宇宙的一切總有一個根源，他沒有辦法用文字來說明，所以一畫開天，叫做「象」。那麼，把握規律就稱為「執象」。由於執象依然有

迷茫，於是才有老子破象而立道。但是，「道」究竟是什麼？老子說：

「道可道，非常道」。他認為祇有「致虛極，守靜篤」，「清靜無為」才能顛覆性地掌握變化中的規律。現在人類的物質文明已獲得了高度發展，但是人類並沒有獲得幸福感，人類執迷於「有」，一再忽視老子的提醒「有生於無」。《道德經》於今人依然是最為實用的經典，它可以重新梳理外在所有因素的趨勢，可以重新建立整體行動的框架，可以從身體的修真來鏈接萬物，由此來突圍今天人類的多重困境。

《鬼谷子》

他隱於世外，卻操縱天下格局；他的弟子出將入相，左右著列國的存亡，推動著歷史的走向。這個人因此被尊為「謀聖」，他就是鬼谷

子。鬼谷子其人，神秘莫測，關於他的身世，眾說紛紜。相傳他隱居在雲夢山鬼谷，所以自稱鬼谷先生。他門下弟子孫臏、龐涓，都是用兵打仗的能手；另外兩個弟子蘇秦、張儀，憑三寸之舌推行合縱連橫之術，收到的奇效抵得上千軍萬馬。這樣的奇人留下的一本奇書——《鬼谷子》。該書原文祇有五千多字，卻是縱橫家流傳至今為數不多的代表著作之一，論述縱橫捭闔的秘訣。比如其中「欲取先予」的處世哲學，擴散開來就包含了很多個維度：從戰場上臨強示弱、扮豬喫老虎，到營銷上滿減贈送的優惠項目，再到投資領域的賭徒心理，都跟這四個字分不開。如果祇是把《鬼谷子》當成運用謀略、揣摩人心的教科書，就低估了其價值。書中還包括軍事、政治方面的知識，

《鸟谷十》

甚至還有養生的學問。《鬼谷子》包羅萬象，是先秦諸子學中的一顆璀璨明星。

《莊子》

莊子貌似窮困潦倒，但是他卻因精神超拔而早已名聲在外。楚威王曾派人來聘請他做官，只見他正坐在河邊悠然垂釣。莊子卻指著水裏搖著尾巴游泳的烏龜，對使者說：「與其做一隻被宰殺後供奉起來的神龜，不如像它一樣自由自在。」莊子是戰國時期道家學派的代表人物，繼承了老子「無為」的哲學思想，並且在宇宙觀、社會德用和養生氣論上均有推進。他所認為的自由，是無所憑依的，是順其自然的。正如鯤鵬變化，扶搖直上九萬里，這才是逍遙的境界。莊子又借小蟲、小鳥之口嘲

笑大鵬，反映了淺陋之人難以領悟大道的真諦。然而大鵬畢竟要禦風而行，相比之下，無所憑依的風才是絕對自由的象徵。在別人眼中，窮困潦倒是苦，莊子卻以不受名利的牽累為樂。如果我們在工作和生活中遇到了一時過不去的坎兒，不妨用《莊子》化解內心的睏頓與焦慮，用「忘我」乃至「無我」的大智慧，用遨游天際的視野，面對現實的世界。

《世說新語》

年輕人必定向往「惟大英雄能本色，是真名士自風流」的生活，所以他們不會錯過一本被魯迅先生稱為「名士教科書」，被今人叫作「名人酷生活實錄」的精選集。這本書記載了東漢末年到魏晉期間一批名士的言行。何為名士？泛指知名人士，特指恃才自傲、不拘小節的牛

書香傳家

人。因為學者們的集體喜愛，特向國家教育管理機構推薦該書，進入中小學生的必讀書目。它就是《世說新語》。

沉浸書中，我們將置身於一個比現在更重視「顏值」的時代，領略魏晉名士們如何「一生不羈放縱愛自由」；嵇康、阮籍、劉伶們敏捷的才思、優雅的舉止、曠達的胸懷，甚至種種狂放怪異的言行，無不彰顯著自然率真的性情，彰顯著處於青年時代的中華文明那昂揚湧動著的生命力。我們可以品味到它的語言之美、生活之美，哲思之美，更能夠從中找尋到自己內心未被喚醒的詩意與對現實的超越。

《千字文》

《千字文》是一篇奇文，其間世充滿了傳奇色彩。梁武帝喜歡王羲之的書法，就命人從王羲之的真跡中找出一千個不同的字來教子孫識字、練字，卻因雜亂難記，而沒有取得太好的效果。梁武帝就找來員外散騎侍郎周興嗣，讓他將這些字編成一篇通俗易懂的文章。周興嗣花了一整夜時間，編撰出一篇條理清晰、引經據典的韻文，不但文采超然，而且上至天文，下及地理，中曉人和，將各種知識熔為一爐，實為一部生動的小百科全書。周興嗣也因用腦過度，導致一夜之間鬚髮皆白。由於漢字簡化、異體字合併，所以現在《千字文》並不是一千個不同的漢字了。

儘管如此，也無損其文采。作為傳統啟蒙讀物，《千字文》的影響力延續至今。胡適從五歲開始念「天地玄黃，宇宙洪荒」，直到他當了十年教授，還在回味這兩句話，可見《千字文》義理之妙。我們可以從中感

書系傳家

悟中國古老的宇宙觀，體會古人修身的規範和原則，讚歎燦爛的歷史文明，在恬淡的心境中安然自處。

《百家姓》

說起姓氏，人們熟悉的是成書於北宋初年的《百家姓》，它是我國流行時間最長、應用範圍最廣的蒙學教材之一，與《三字經》《千字文》併稱為「三百千」。雖然《百家姓》的內容沒有文理，但讀起來朗朗上口，易學易記，可以讓孩子認識漢字，也可以指導孩子們的日常生活，建立好的生活習慣。慎終追遠，姓氏可以讓孩子們瞭解祖先的血脈延續，積累和傳承家族文化。從遺傳基因學上形成華夏民族的血脈相連與共同認知。光宗耀祖，詩書繼世，是中國農耕社會的優良傳統。姓氏文

化在中國五千年多年的文明史中擔當重任，戰國時期的《世本》，較早地記載了從黃帝到春秋時期天子、諸侯、大夫的姓氏、世系、居邑，但是這本書到宋朝就失傳了。總之，要想瞭解中國源遠流長的姓氏文化，《百家姓》是一本必備的簡易入門書籍。「書香傳家」系列的《百家姓》，不但介紹了每個姓氏的由來，還列舉了各個姓氏的名人，兼具知識性與趣味性。

《容齋隨筆》

上過學的人都知道筆記的重要性，然而老師講的課是一樣的，學生的筆記卻各不相同。現在學霸的筆記備受推崇，因為展現了他們卓越的學習方法和對知識的思考。古代文人記筆記的習慣由來已久，魏晉南

北朝就有常璩的《華陽國志》、干寶的《搜神記》、劉義慶的《世說新語》等名作，這些筆記小說大多是見聞隨筆，或從書中摘錄片段的合集。唐宋以後，歷史掌故、辯證考據類的筆記多了起來。《容齋隨筆》爲南宋大才子洪邁（號容齋）耗時四十年整理而成，一共分爲五部分，有七十四卷，含一千二百多則，歷史掌故、典章制度、社會風俗、天文曆算、文學藝術，無不涵蓋，特別是歷史人物、歷史事件相關的内容，考證十分詳實，議論頗有見地，還糾正了不少經史中的錯誤，是宋人筆記中内容最豐富、學術價值最高的一部。《容齋隨筆》是一本國學百科全書，當成學霸的筆記來讀也未嘗不可，一方面可以增長見聞，一方面可以領悟讀書的方法，並以此爲博覽經史原典的敲門磚。據史料記載，偉

人毛澤東生前非常喜愛閱讀此書，直至離世前仍由工作人員爲其閱讀該書部分内容。

《三字經》

在中國傳統的啟蒙書籍中，《三字經》必然是最經典的一部，幾乎人人都熟悉開頭那兩句——人之初，性本善。這三字一句的形式，很具備兒歌的特點，易於誦讀和記憶。《三字經》雖短卻精，且内容十分豐富，將歷史、天文、地理、道德等方面的知識和大量典故融彙串連在一起，堪稱是一部極簡版的中國文化「小百科全書」，因此有「熟讀《三字經》，可知千古事」的說法。《三字經》從誕生之日起就大受歡迎，廣爲流傳，與《百家姓》《千字文》併稱中國傳統蒙學三大讀物。

讀《三字經》，可以發現，書中不但歸納總結了許多古代的文化常識，還告訴人們應當勤學好問、尊師重道、謙恭禮讓等人生的道理，體現了積極向上的精神，雖已暢行千百年，卻歷久彌新，在當今時代仍然具備知識性和實用性的國學入門的作用，可以給人們以簡易的知識和正向的力量。

《傳習錄》

曾有人給出過這樣的評價，中華上下五千年，能「立德、立功、立言」三不朽的聖人，祇有兩個半：孔子、王陽明，曾國藩只算半個。孔子，至聖先師，無人不知；曾國藩，湘軍首領，中興名臣。而王陽明，最讓人熟悉的莫過於「知行合一」「心外無物」的「陽明心學」了。想要

瞭解孔子，可以讀《論語》；想要瞭解曾國藩，可以讀《曾國藩家書》；想要瞭解王陽明，自然要讀《傳習錄》。《傳習錄》之名取自《論語》中曾子的話：「吾日三省吾身，為人謀而不忠乎？與朋友交而不信乎？傳不習乎？」由此可見，想要讀懂《傳習錄》，需要具備一定的儒學經典的基礎。作為儒家作品，《傳習錄》的核心自然也是明德至善，知行一體。而王陽明所提出的「知行合一」則是強調了要知善同時行動，即理論與實際的踐行。因此，讀《傳習錄》，能夠得到的最大收穫就是在日常的工作生活裏，摒棄外界的干擾，修養自己的良知，做到問心無愧，持之以恒。曾經做過三家世界五百強CEO的日本企業家稻盛和夫，就將陽明心學內化為企業經營之道。

《了凡四訓》

命運是一個很神奇的東西。有的人認為「命由天定」，但也有人堅信「我命由我不由天」。明朝學者袁了凡十七歲時因為一位算命先生的話而深陷「宿命論」，直到三十七歲時在雲谷禪師的開導下醍醐灌頂、頓悟至理，確定了「命由我作，福自己求」的立命之道，此後數十年，袁了凡堅持行善、積極進取，最終「逆天改命」。「父母之愛子，則為之計深遠」的舐犢之情，晚年的袁了凡有感於自己一生的經歷，給兒子寫下了《了凡四訓》，全書通過立命之學、改過之法、積善之方、謙德之效四個部分，講述了如何依靠後天努力來「修福改命」。晚清名臣曾國藩對《了凡四訓》極為推崇，他讀過之後給自己改號為「滌生」，並說：

「滌者，取滌其舊染之污也；生者，取明袁了凡之言，『從前種種，譬如昨日死；從後種種，譬如今日生也。』」讀《了凡四訓》，讓你領悟命運真相、明辨善惡標準，堪稱人生必讀的智慧之書。

《紅樓夢圖詠》

相信讀過《紅樓夢》的人，一定都會被書中那些性格鮮明、栩栩如生的人物所打動，甚至對他們傾注或愛或憎的情感，大有恨不相識的遺憾。或許你會想，這些人物應該是怎樣的形象，比如什麼是「似感非感冒煙眉」，怎樣算「似喜非喜含情目」，「唇不點而紅，眉不畫而翠」會是什麼樣的美。那麼，有沒有人根據原著的描寫，捕捉人物的特點從而描繪出他們具體的形象呢？當然，為《紅樓夢》創作的繪畫作品其實有很多，

其中的《紅樓夢圖詠》是紅樓繪畫史上水平較高、名氣也較大的一部。

這是一部木版畫集，共繪製了通靈寶玉、絳珠仙草、警幻仙子、寶玉、黛玉、寶釵、元春、探春、湘雲、妙玉、王熙鳳等共約五十幅插圖，以高超的版畫技藝，展現出畫作者改琦作品的神韻，所繪形象傳神，線條流暢。如其中黛玉一幅，便以弱不禁風的身姿，刻畫出人物「閑靜時如姣花照水，行動處似弱柳扶風」的氣質。

《芥子園畫譜精品印集》

顧愷之、吳道子、張擇端、唐伯虎、齊白石等畫壇巨匠，留下了大量傳世名作。他們無不技藝精湛，卻也都是從零基礎開始學習的。每個人的學習途徑或許不同，如果有一套人人都能看懂的簡明教程，國畫技藝就會更容易讓普通人掌握。比如齊白石大師，原本是雕花木匠，二十歲那年在顧主家無意間看到一本叫《芥子園畫譜》的書，覺得書中循序漸進的講解非常實用，讀過一遍就對繪畫有了一定的理解。所以，即使說白石老人的繪畫藝術之路最初起步於此書，也並不為過。此外，任伯年、黃賓虹、傅抱石等繪畫大家也曾用心研習此書。「芥子園」是清初名士李漁（號笠翁）在金陵的別墅，《芥子園畫譜》最初就是在李漁的主持下，由王概、王蓍、王臬三兄弟編繪而成的。本書具有完備的體例，對用筆、寫形、佈局等繪畫的基礎技法做了詳盡的講解和展示，解析了歷代名家的特點，匯集了前人的畫論精華，從問世至今，一直是學習國畫的必修教材。

《中國京劇經典臉譜》

「臉譜化」這個詞，現在一般用來批評藝術作品塑造人物簡單化和概念化。然而與此相反，這恰是「臉譜」這一藝術形式的優點，使其能夠貼合傳統戲曲的表現方式。臉譜，是中國戲曲中特有的化妝藝術，通過按照一定譜式勾畫出的圖案造型來突出角色的性格、身份、年齡、品質等特徵，已形成一些相對固定的代表性顏色，如紅色的代表忠勇、正直；黑色的代表勇猛、直爽；白色的代表奸詐、狠毒；藍色的代表剛強、驍勇；黃色的代表凶暴、沉著，這與歌曲《說唱臉譜》的詞很一致：「藍臉的竇爾敦盜御馬，紅臉的關公戰長沙，黃臉的典韋、白臉的曹操，黑臉的張飛叫喳喳。」因此，臉譜具有「辨忠奸、寓褒貶、別善惡」的功能。《中國京劇經典臉譜》一書收錄的臉譜作品，是在漫長的歲月中逐漸演變、完善進而固定的藝術形象，每一幅都構圖精巧，色彩絢麗，筆法細膩，是不可多得的藝術珍品。

創作者孫世良先生是中國著名京劇劇作家、京劇臉譜藝術家翁偶虹先生的再傳弟子，北京市非物質文化遺產傳承人，就職於國家京劇院藝術中心，為專業京劇臉譜畫家。

集

《楚辭》

《楚辭》的語言文字可以美到什麼程度？光是書中「茂行」「陸離」「微歌」「嘉月」這類典雅的人名，就足已令人驚豔了。《楚辭》的夢幻世

界可以有多浪漫？有青衣白裳、箭指西北的東君，他是掌管太陽的神；還有與日月齊光的雲中君，他是飄渺的雲神。眾神都有人的情感，或泛舟江上，或歡聚宴飲，或幽怨哀傷。楚辭的產生，離不開楚國從「荊蠻」發展到「楚霸」的歷史條件，長江流域的巫覡文化，與中原地區的禮樂文化相交融，就有了生機勃勃的楚文化。《楚辭》是中國文學史上第一部浪漫主義的詩歌總集，獨創一體，別具一格。全書以屈原的辭賦為主，其餘各篇承襲屈原作品的形式，運用楚地的文學樣式、方言聲韻，故名《楚辭》。梁啟超說：「吾以為凡為中國人者，須獲有欣賞《楚辭》之能力，乃為不虛生此國。」《楚辭》展現了以屈原為代表的愛國精神、豪邁氣魄和浪漫情懷，因此熟讀《楚辭》，能培養書生狹氣，能讓我們一生受益。

《唐詩三百首》

璀璨大唐三百年，最具代表性的事物是什麼？是天可汗唐太宗李世民？是中華文明的巔峰開元盛世？還是一代女皇武則天？都不是，最能代表璀璨大唐的事物就是唐詩。在唐詩中你能感受到大唐盛世兼容並包的絕代風華，那裏有王勃從容浩蕩的英氣，有李白繡口吐出的巍峨之氣，有李賀苦吟的不羈之氣。在唐詩中你能領略到大唐的厚重，大唐的筋骨，那裏有杜甫的低沉恢弘之氣，有樂天自在的千百鮮明之氣，有邊塞狂歌的狷狂凜冽之氣。聞一多先生認為：「一般人愛說唐詩，我卻要講『詩唐』，『詩唐』者，詩的唐朝也，懂得了詩的唐朝，才能欣賞唐朝的詩。」在唐詩中感受大唐，以詩教來薰習和浸染，觸摸到文化的江山，

讓胸懷變得更寬廣更博大。不讀唐詩，無法面對優秀的古人，不知道東方情感之由來，亦不能精準表達自己的情感。

《宋詞三百首》

形成於唐，盛極於宋，前與唐詩爭奇，後與元曲鬥艷，是宋代文學最有代表性的成就，這種文體就是「宋詞」。可以說，有一定文化基礎的中國人都知道宋詞，也都可以不經意間脫口而出一二佳篇名句。如充滿豪情時，可以說「想當年，金戈鐵馬，氣吞萬里如虎」；心懷憂愁時，可以說「這次第，怎一個愁字了得」；陷入相思時，可以說「酒入愁腸，化作相思淚」。似乎每一種情緒，在宋詞中都已經有了完美的表達。如何更好地領略宋詞的精彩？《全宋詞》中收錄了一千三百餘位詞人的

作品近兩萬餘首。顯然，通讀這麼多的作品並不現實，那麼優秀的選本便會大受歡迎。《宋詞三百首》就是這樣的選本。三百首不多，可以很快通讀；三百首不少，可以兼收各個時期、各個派別的眾多名家名作。這本《宋詞三百首》，囊括宋詞精華，讀後可以感悟宋詞之美，並初步瞭解宋詞的概況；所選皆為名篇，便於背誦，有助於古典文學修養的提高，使自己不論言談還是寫作都更有氣質。

《唐宋八大家集》

提起「唐宋八大家」，很多人會問：「為什麼沒有李白、杜甫、白居易？為什麼沒有柳永、陸游、辛棄疾？」因為這八個人代表了唐宋時期散文的最高水準，而非詩詞。我們都知道，唐朝是詩歌的黃金年代，

《唐宋八大家集》

丛书简介

十八

《宋词三百首》

而沒有體裁和題材方面的創新，就不會湧現出那麼多不朽的傑作。白居易提出「文章合為時而著，歌詩合為事而作」的口號，倡導「新樂府運動」。與之相呼應的正是韓愈、柳宗元倡導的「古文運動」，他們同樣強調寫文章要言之有物。「言之有物」看似容易，我們上學時，語文老師講作文的時候就一再強調這一點，可是文筆不好就詞不達意，文筆太好又總是變著法地運用修辭、引用典故、堆砌辭藻，顧此失彼，文章難免會「金玉其外，敗絮其中」。「唐宋八大家」的文章，推崇先秦諸子和《史記》《漢書》，一掃六朝辭賦的艷俗與空洞，沖破四六駢偶的程式和窠臼，文章形式雖然復古，但是內容推陳出新，很接地氣，是老百姓讀得懂的古文，完美展現了中華文化的「文質彬彬」。這八位文曲星就是…

韓愈、柳宗元、歐陽修、王安石、蘇洵、蘇軾、蘇轍、曾鞏，他們都有驚天地、泣鬼神的千古文章傳世。

《小窗幽記》

互聯時代來臨，世人莫不在加快節奏追逐社會步伐，關於生活的本真、人生的目的，人們實在難以顧及。有一部書，用它雋永的文思，淡雅的文字，指引你為人處世，開導你在平淡中領略人生，它就是《小窗幽記》。「花繁柳密處，撥得開，才是手段；風狂雨急時，立得定，方見腳跟」這是勸誡成功者的良藥，「情最難久，故多情人必至寡情。性自有常，故任性人終不失性」這是冷靜處事的心思。「興來醉倒落花前，天地即為衾枕；機息忘懷磐石上，古今盡屬蜉蝣」這是過來人燈火闌珊處的迴眸。

明代陳繼儒以其豐富的經歷、遠博的思想、高峻的修養撰得《小窗幽記》這部奇書，將修身、立德、爲學、致仕、立業、治家、養生的全部智慧和原則融入此書，文字跳脫愜意，格調超拔，以小喻大，充滿了諧趣與真知。面對人生，作者給出的答案還將久久的流傳下去，那就是「時光，濃淡相宜，人心，遠近相安。流年，長短皆逝。浮生，往來皆客。」

《納蘭詞》

他是文武俱佳的翩翩公子，他是康熙皇帝御下一等侍衛，他是才華橫溢的傷心詞人。他，就是「清詞三大家」之一的納蘭性德。納蘭文武兼修，十七歲入國子監，十八歲考中舉人，二十二歲康熙賜進士出身。深受康熙帝賞識，多隨駕出巡。三十一歲英年早逝。納蘭性德二十四歲時

將詞作編選成集，名爲《側帽集》，又著《飲水詞》。後人將兩部詞集增遺補缺，共三百四十九首，合爲《納蘭詞》。「今古河山無定據」，畫角聲中，牧馬頻來去」是對山河流逝的慨嘆；「山一程，水一程，身向榆關那畔行，夜深千帳燈」是長途行軍中軍士的苦悶；「被酒莫驚春睡重，賭書消得潑茶香，當時只道是尋常」是失去妻子的丈夫回憶與亡妻昔日美好的酸楚；「西風多少恨，吹不散眉彎」展現的是深情男子的無盡哀思。

儘管清詞成就比不上宋詞，但也在文學史上留下了自己獨特的印記。清詞代表《納蘭詞》，不僅在清代詞壇享有很高的聲譽，而且在中國文學史上也佔有光彩奪目的一席。翻開《納蘭詞》，走近這位傳奇男子的一生，去體味，去發現，清詞怎一個「真」字了得。

書香傳家

有學者說：「五百年來，能把學問在事業上表現出來的，祇有兩人：

一為明朝的王守仁，一則清朝的曾國藩。」曾國藩作為集政治家、戰略

家、理學家、文學家、書法家等於一身的晚清名臣，因官居高位而無暇

著書立說。不過，他寫給家人的大量家書，就成為瞭解曾國藩的第一手

資料，同時也是瞭解清末社會狀況的寶貴史料。家書，即家信，之間來往

的書信。在古代，家書是離家在外的人與家中親人的主要聯係方式之一。

家書可簡可繁，可以只表達思念及關切之情，也可以暢敘經歷及感觸，

通常都很具實，沒有虛假客套。《曾國藩家書》中收錄了曾國藩寫給祖

父、父母、叔父、兄弟、子女等不同人的書信，其政治理念、治軍思想、

叢書簡介

二十一

書香傳家

治學修身、治家教子、處世交友等也都在其中得到了充分的體現。這

些內容使這部《曾國藩家書》除了具備史料價值，還是一部生活處世的

實用寶典，對我們的日常生活也有可資借鑒的意義和價值。

《人間詞話》

「最是人間留不住，朱顏辭鏡花辭樹。」作為民國時期最為著名的國

學大師之一，能夠寫出這樣優美的詞句，對王國維來說實在不算稀奇；

相較於他的詞作，《人間詞話》才是真正讓他在廣大文藝青年心中「封

神」的傑作。就算是沒有看過《人間詞話》的人，也能隨口說出「古

今之成大事業、大學問者，必經過三種之境界」。作為中國文藝理論裡

程碑式的作品，《人間詞話》首次將西方美學思想融入到中國古典詩詞

《人間詞話》

荐書簡介

《四庫全書》

的點評中，你能想象，這樣一本薄薄的小冊子竟然蘊含著康德、叔本華的整套美學體系？更為重要的是，在這本書中，王國維融會貫通，提出並建立了獨特的文藝理論體系，並成功勾起了廣大文藝愛好者們對於古典詩詞的興趣，很多人就是從這本書開始，成為文學家、學者和文藝批評家的。如果你也對古典文學特別是古典詩詞感興趣，那麼一定要讀一讀這本《人間詞話》。

叢書簡介

二十二　書采傳家

的點評中，你能想象，這樣一本薄薄的小冊子竟然蘊含著康德、叔本華的整套美學體系？更為重要的是，在這本書中，王國維融會貫通，提

圖書在版編目（ＣＩＰ）數據

芥子園畫譜精品集／（清）王概等繪；崇賢書院編
譯. —— 北京：北京聯合出版公司，2016.5（2022.3重印）
（書香傳家）
ISBN 978-7-5502-7708-3

Ⅰ．①芥…　Ⅱ．①王…　②崇…　Ⅲ．①國畫技法
Ⅳ．①J212

中國版本圖書館CIP數據核字(2016)第107197號

崇賢館微信

書　　名	芥子園畫譜精品集
著　　者	（清）王概 等繪　崇賢書院 編譯
出 品 人	趙紅仕
責任編輯	管文
出版發行	北京聯合出版公司
地　　址	北京市西城區德外大街83號樓9層
	郵編：100088
策劃經銷	近道堂
印　　刷	吳橋金鼎古籍印刷廠
字　　數	一百千字
開　　本	宣紙八開
印　　張	十七點七五
版　　次	二〇一六年五月第一版
	二〇二二年三月第二次印刷
標準書號	ISBN 978-7-5502-7708-3
定　　價	陸佰捌拾圓整（一函兩冊）